ESSENTIAL TECHNIQUE for Strings

COMPREHENSIVE STRING METHOD

MICHAEL ALLEN • ROBERT GILLESPIE • PAMELA TELLEJOHN HAYES

INTERMEDIATE TECHNIQUE STUDIES

These piano accompaniments can provide helpful guidance for teaching intermediate string players. The format includes a cue line to provide the teacher or pianist with a visual guide of the student melody part.

The accompaniments have been arranged to match the style and harmony of the accompaniments available online. These tracks are available online using the code including with student books and the teacher manual. They may be used for teaching or performance and offer a variety of styles, from classical to contemporary popular music. You may want to alter these piano accompaniments to meet your specific needs. Chord symbols are provided.

ISBN 979-835013712-5

HAL•LEONARD®
A Muse Group Company

1. TUNING TRACK

2.

3.

4.

G D/F♯ G C Ami7 D7/A Gma7 G6 D/F♯ D
G D/F♯ G C/E G/D D/C G/B Ami7 D7 G Gsus G

5.

Dmi C/D Dmi C/D Gmi7 A5 Dmi
B♭ C/B♭ Dmi C/D G5 A5 Dmi

6.

D A7 D A7 D A7 G D
D A7 D A7 G A7 G D

7.

D Emi/D D Csus2 Ami7 Bmi7 Fma7
D Emi/D D Cma7 Bmi7 Ami7 Gma7 B♭ma7 Cma7 D

8.

G D7 G C G C D7 G
C D C G C G D7 G

9.

G Ami/G G/B D/C Ami7 G/B Fma7 Ami/D G

10.

G D Dsus D C G Gsus G G C6 D Gsus G

11. FRENCH FOLK SONG

Moderato

12. SYMPHONY NO. 1 THEME

Allegro

Gustav Mahler (1860–1911)

13.

D Gma7 D C9 Bmi7 B♭7 G/A D

14.

D G D D G D E7 G7 D G D G D

15.

A(add2) Dma9 Fma7 Ami/D A

16.

A D A D A D A D A

17.

D7 G7
D7
E7
G/A
D7 G7
D7

18.

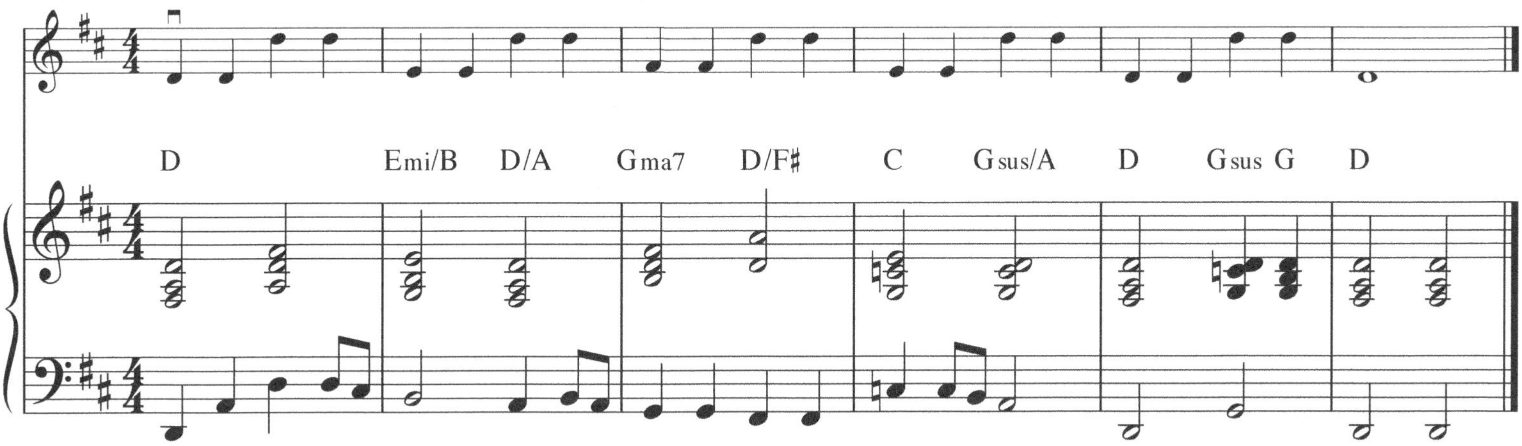
D
Emi/B D/A
Gma7 D/F♯
C Gsus/A
D Gsus G
D

19.

A5
Asus2
D5 Esus
A5

20.

A D
E A
D
E A
D
A

21.

G Gsus G D/F♯ Emi D/F♯ D G
G Gsus G D/F♯ G/D D7sus D7 G

22.

Emi Emi/D Emi/C♯ Cma7 Ami9 Bmi7 Emi
C(add2) Emi Ami9 B7sus E

23.

G A D C D G
C D G A D A D G

24.

G B7 Emi Emi/C♯ G/D D7 G
B7 C A9 G/D D7 G/B B♭o Ami7 A♭ma7 G N.C.

25.

D5 A5 D5 A5 D5 A5 D5
D5 A5 D5 G D5 A5 D5

26.

Bmi G/B G♯o/B G/B Bmi E/B Bmi G/B
Bmi Bmi/A Bmi/G♯ Emi7 Bmi Emi6 Bmi

27.

D G7 A D/A D G/A A D G/D D G/A
D D/C G/B E7 A G D/F♯ Emi7 D

28.

D5 A5 D5 A5 G5 G
D5 D5/C♯ Bmi7 A5 G5 A5 D5

29.

Ami
Emi
Ami
Emi
Ami
Emi
Ami
Ami
Emi
Ami
Emi
Ami
Emi
Ami

30.

A(add2)
Bmi7/E
A(add2)
Bmi7/E
A(add2)
Bmi7/E
A
Fma7
Emi7
A(add2)
Bmi7/E
A(add2)
Gma9
A(add2)
Bmi7/E
Fma7
Emi7
A(add2)

31.

D
A/C♯
Bmi7
D/A
G
A/G
G
Gma7
D
A/C♯
Bmi
F♯mi/A
G
D/F♯
D/A
G/A
D

32.

D
A
D
G
D
G
A
D
G
A
G
A
G
D
A
D

33.

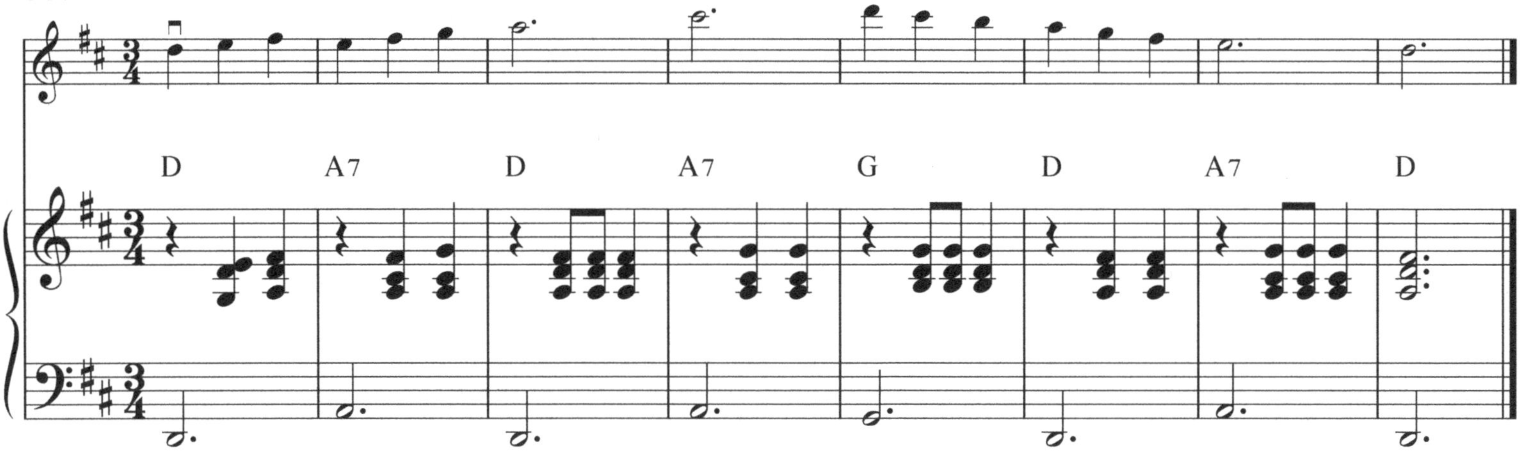

34.

35. CAN-CAN

Jacques Offenbach (1819–1880)

36. MARCH IN D

Marziale

Johann Sebastian Bach (1685–1750)

37.

38.

39.

A
E
A
E
A

A
E
A
E
D
E
A

40.

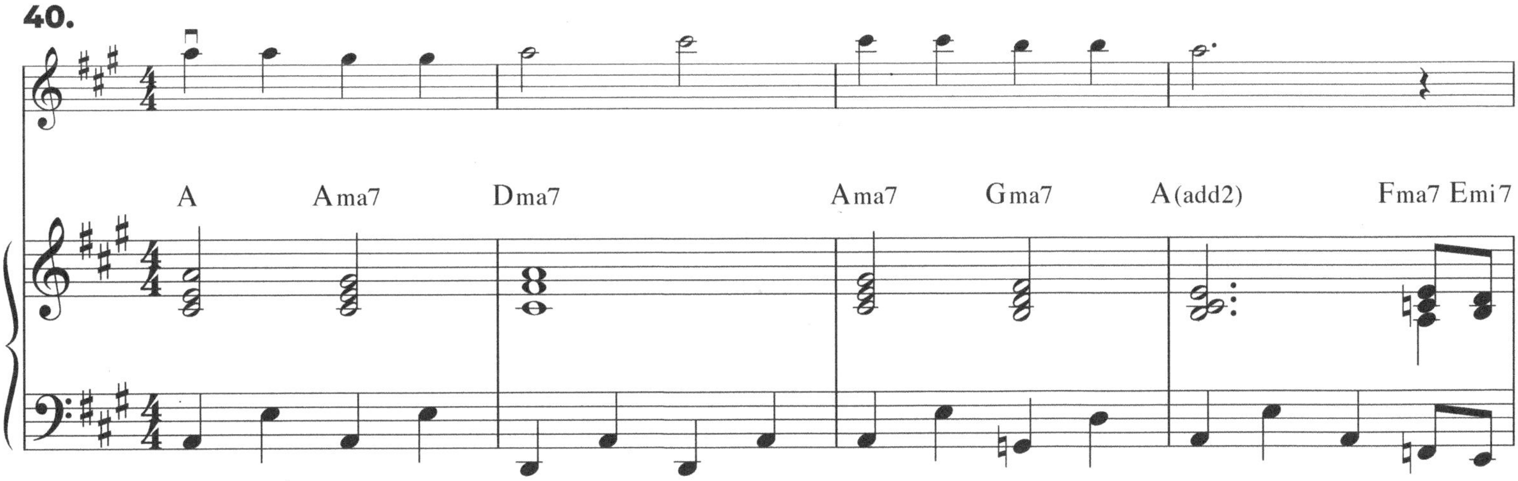
A
Ama7
Dma7
Ama7
Gma7
A(add2)
Fma7 Emi7

A(add2)
Ama9
Dma7
Ama9
Bmi7
D/E
E7
A

41.

Emi Emi/D Emi Emi/D A/C♯ Ami7 B7sus B7 Emi
Emi Emi/D Emi Emi/D A/C♯ Ami7 B7sus B7 Emi

42.

Asus2 D5 Asus2 D5 Asus2
D5 Asus2 D5 Asus2

43.

44.

45.

Emi B/D♯ Emi/D C♯mi7(♭5) Cma7 D/C Emi D Cma7 B7sus
Emi D/E Emi D Cma7 Ami7 Bmi7 Emi

46.

E5 B5 E5 Bsus B
Emi D/E C D/C D/E Emi D/C Cma7 Ami7 B7sus B7 Emi

47.

Emi D Emi C Bmi7 Emi
C D Ami C Emi C D E

48.

Emi Bsus B Ami B+7 B7 C Dsus2
Emi G B7 B+7 B7 Emi

49.

Bmi
Gma7
Emi7
Asus
A
D
Bmi
Gma7
Esus
E
G(add2)
G
Asus
A
D

50.

E7
A9
E7
A9
E7
A9
E7
E♭7
D7
E7
A9
E7
A9
E7
A9
D7
E♭7
E7

51.

A A/G F♯mi7 F7(♭5) A/E F♯7 A/B E
A A/G F♯mi7 F7(♭5) A/E E6 E7 A

52.

E A(add2) A E B E A(add2) A E
A E F♯ Asus2 B7sus E

53.

54.

55.

56.

57.

Cmi B♭/C Cmi7 B♭/C Cmi7 B♭/C A♭ B♭sus2
Cmi B♭/C Cmi7 B♭/C A♭(add2) B♭ Cmi

58.

C F6 C G7 C F6 C F C
F G7 C G7 C F6 C F C

59.

C G/B F/A Fmi/A♭ F/G Cma7/G F6 G/F
C G/B F/A G6 F6 C/E F G7sus G7 C

60.

C G/B Ami7 Fmi6/A♭ Cma7/G F♯mi7(♭5) Fma7 E7sus E7 Ami
Dmi7 Emi7 F C/G Fmi6/A♭ C/G G7sus G7 C

61.

62.

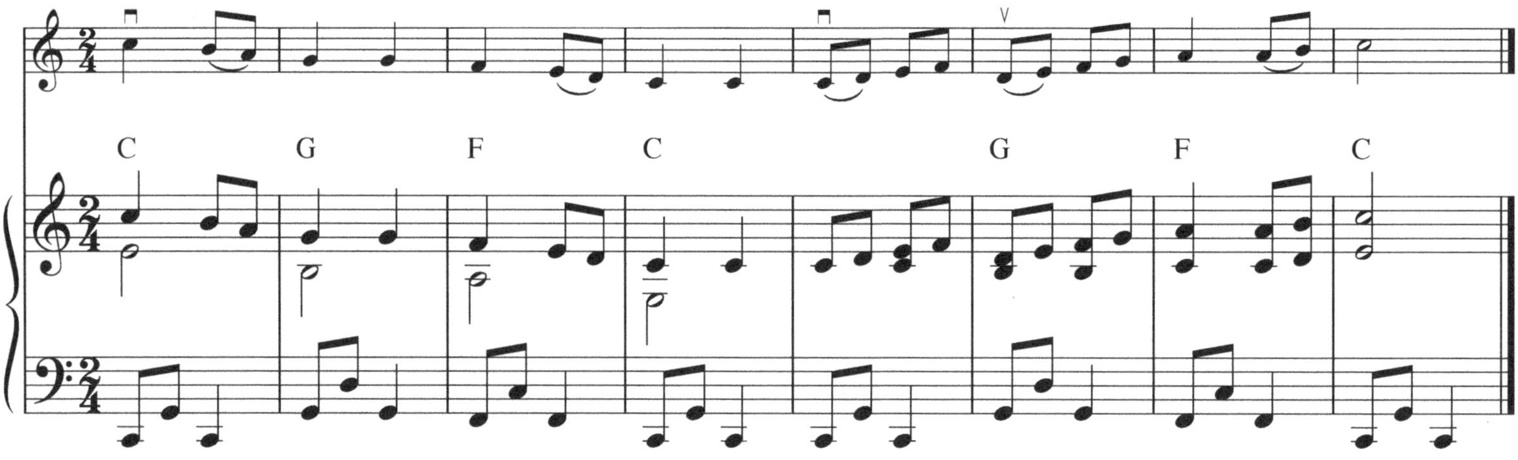

63. LONG LONG AGO

Moderato

64. BLUE BELLS OF SCOTLAND

Allegretto

65.

F F/A F F/A B♭ F/C C B♭/C C F
Dmi Ami Dmi G B♭/C C B♭/C C F

66.

Dmi B♭/C Dmi B♭/C Dmi C Dmi B♭/C
Dmi B♭/C Dmi B♭/C Dmi C7 Dmi

67.

B♭ F Asus Dmi Dmi/C B♭ F Gsus G
Dmi Dmi/C B♭ C Dmi B♭ F Gsus G D

68.

C7 F9 D7 F/G C7 F9 A7 F/G
C7 F9 C7 F9 C B♭9 Ami7 A♭13 F/G C

69.

Fmi C7 Fmi C7 Fmi D♭ C7
Fmi E♭ D♭ C7 Fmi D♭ C7 Fmi

70.

F C/F B♭ma7 Gmi9 B♭6/C F E♭ma9
F C/F B♭ma7 E♭ma7 F/C B♭/C F

71.

72.

73.

Cmi G/B Cmi G/B Cmi Ao
Fmi G7 Cmi Gmi Fmi G+7 G7 Cmi

74.

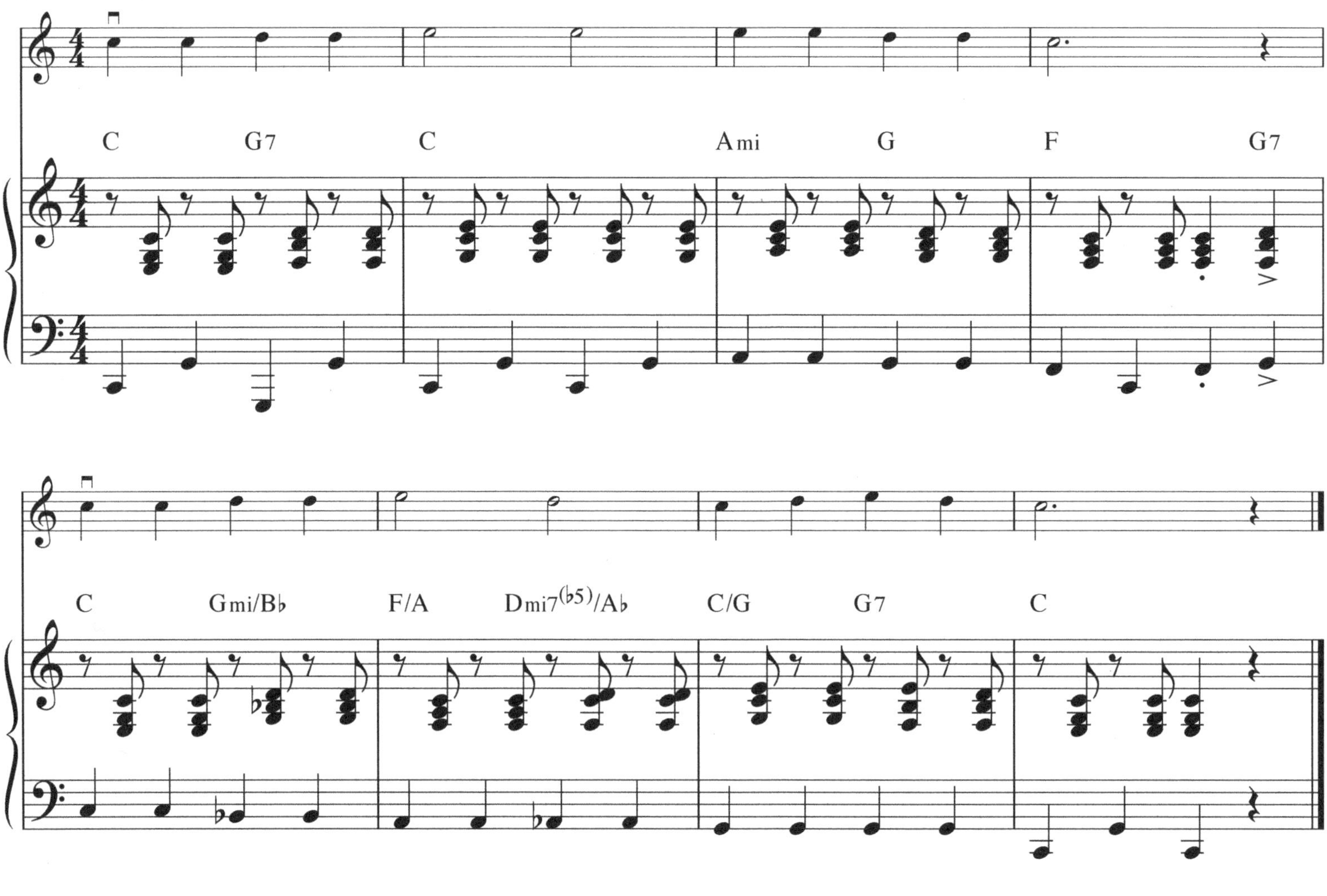
C G7 C Ami G F G7
C Gmi/B♭ F/A Dmi7(♭5)/A♭ C/G G7 C

75.

C F C D7 G7
C F C/E G/D C F G7 C

76.

A7 G7 A7 G13 A7 G7 A7 A♭7 G7
A7 G7 A7 F13 A7 G13 A7

77.

F C/E F/E♭ B♭(add2)/D F/A B♭ A7sus A7 Dmi
B♭ma7 Ami7 Gmi7 F(add2) Gmi7(♭5)/D♭ F/C C7sus C7 F

78.

F Gmi/F Fma7/A Ami B♭ Ami Gmi7 C7 F

79.

F C B♭ C F Gmi B♭ C F

80. ROW, ROW, ROW YOUR BOAT – Round

Moderato Traditional

81. THEME FROM VIOLIN CONCERTO

Andante Ludwig van Beethoven (1770–1827)

82.

Fmi C7/E Fmi/E♭ Dmi7(♭5) G7(♭9) C7sus C7 D♭ma7 E♭sus2
Fmi C7/E Fmi/A♭ G7/D D♭9 C+7 C7 Fmi

83.

Dmi A7sus A7 Dmi A7sus A7 B♭ma7 C/D Gmi7 B♭ma7 A7
Dmi A7sus A7 Dmi A7sus A7 B♭ma7 C7 F

84.

F C/E F/E♭ B♭/D B♭mi/D♭ B♭/C Ami/C Gmi/C A7/C♯
Dmi C/D Dmi7 Gmi7 F/A Gmi/B♭ Bmi7(♭5) C7sus C7 F

85.

F7 E♭9 F7 E♭9 F7 B♭7 C7 F7
B♭7 C7 B♭7 F7 E♭9 F7 E♭9 F7

86.

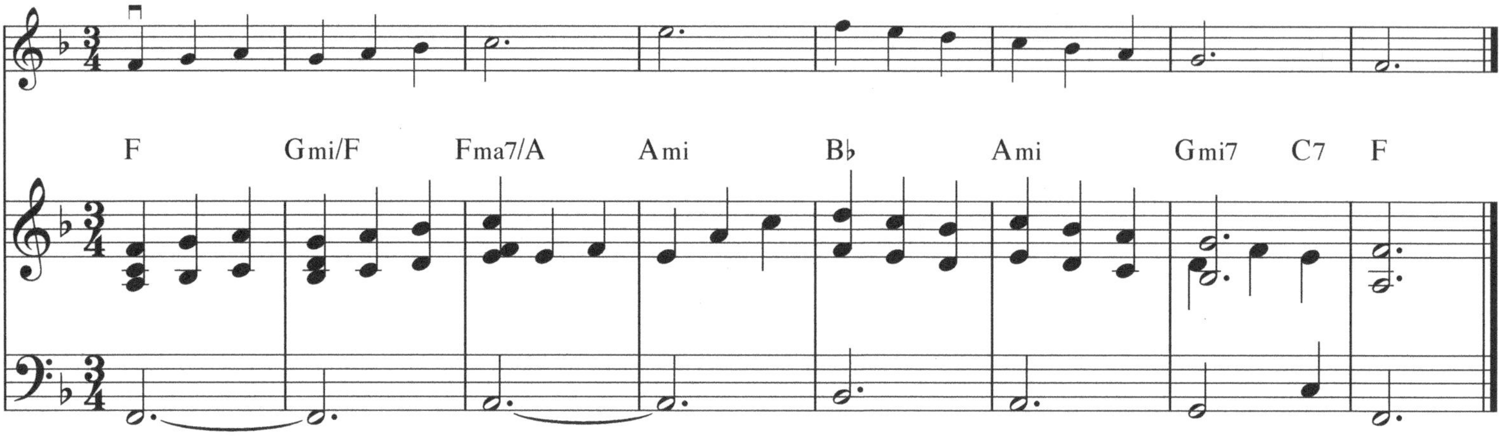

87.

88. CANDY MOUNTAIN ROCK

Allegretto

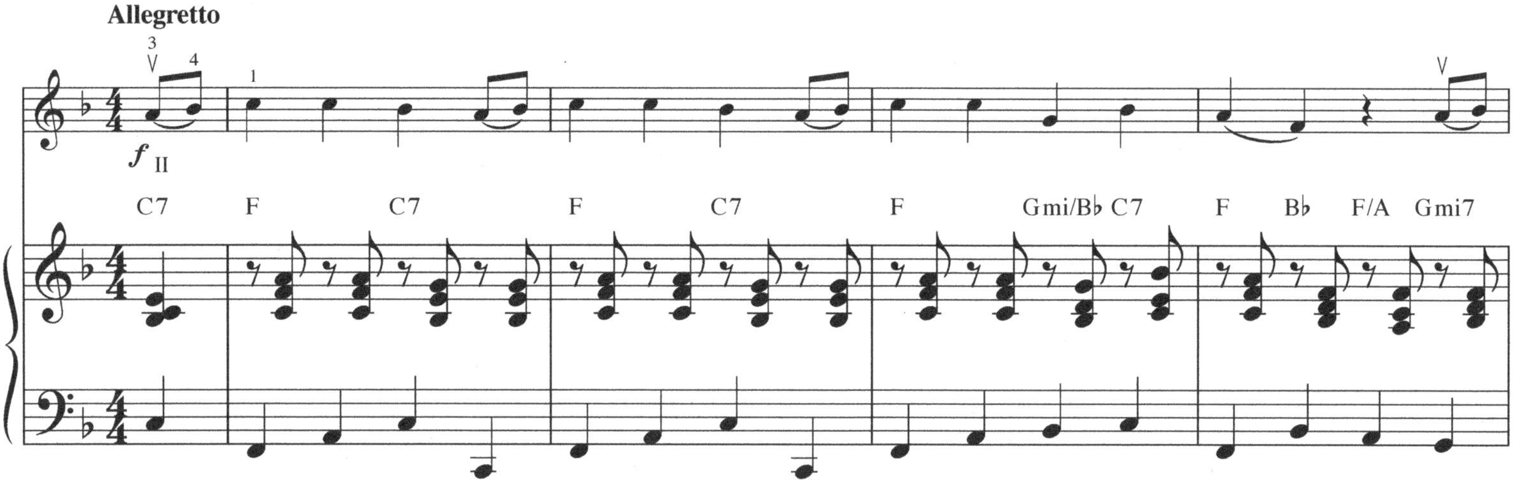

89. FIELD SONG

Southern American Folk Song

Moderato

90.

91.

F Gmi7 C Gmi B♭/C Gmi/C F B♭/C C
F Gmi F/A Gmi/B♭ C B♭/C C F

92.

F B♭/F C/F F B♭ma7 C/B♭ B♭ma7 C
Dmi7 A7sus A7 B♭ma7 C B♭/C C F

93.

Fsus2
Fsus2/E♭
B♭sus2/D
C7sus
Fsus2
Fsus2/E♭
B♭/D
C7sus
Fsus2

94.

Gmi
D7
Gmi
D7
Gmi
D7
Gmi
D7
Gmi
D7
Gmi

95.

G D7 G D7 G
D7 G D7 G D7 G

96.

G(add2) G D/F♯ F(add2) F C/E Cmi/E♭ G(add2)/D A/C♯ Cmi6
G(add2)/D G G(add2)/D G/D C Cma7 C6 C C/D D7 G(add2) G

97.

C Dmi/C Cma7 F/C Emi7 Fma7 E7(♭9) Ami7 Ami7/G
Fma7 Emi7 Dmi7 Cma7 Dmi7 C/G G7 C

98.

C Dmi/C Cma7/E Emi F Emi Dmi7 G7 C

99.

C G F G C Dmi F G C

100. JOLLY GOOD FELLOW

101. MAY TIME

W. A. Mozart (1756–1791)

102.

103.

104. FINGER PATTERNS IN C MAJOR – First Position

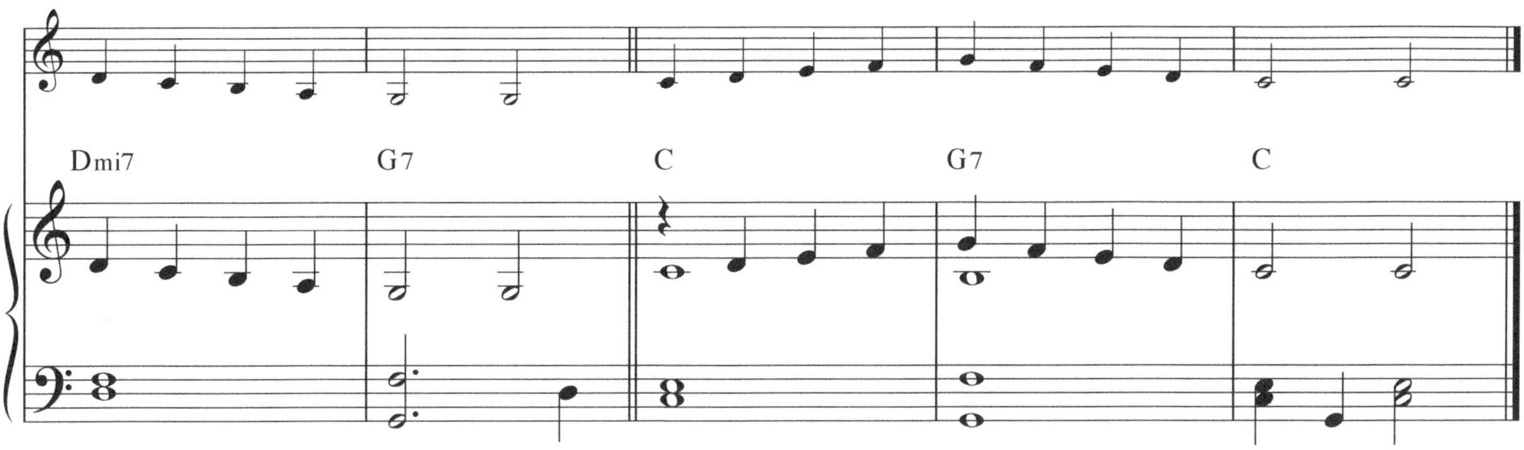

105. FINGER PATTERNS IN C MAJOR – Third Position

106. C MAJOR SCALE

107. C MAJOR ARPEGGIO

108. THIRDS IN C MAJOR

109. THE BRITISH GRENADIERS

English

110. CHORALE IN C

J. S. Bach (1685–1750)

111. FINGER PATTERNS IN G MAJOR – First Position

112. FINGER PATTERNS IN G MAJOR – Third Position

113. G MAJOR SCALE

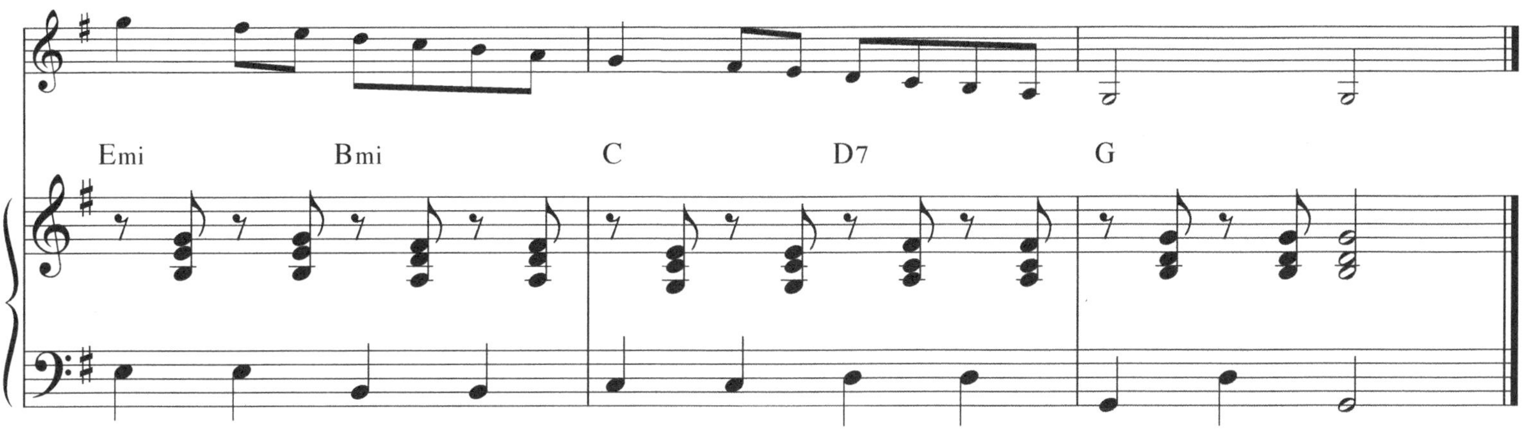

114. G MAJOR ARPEGGIO

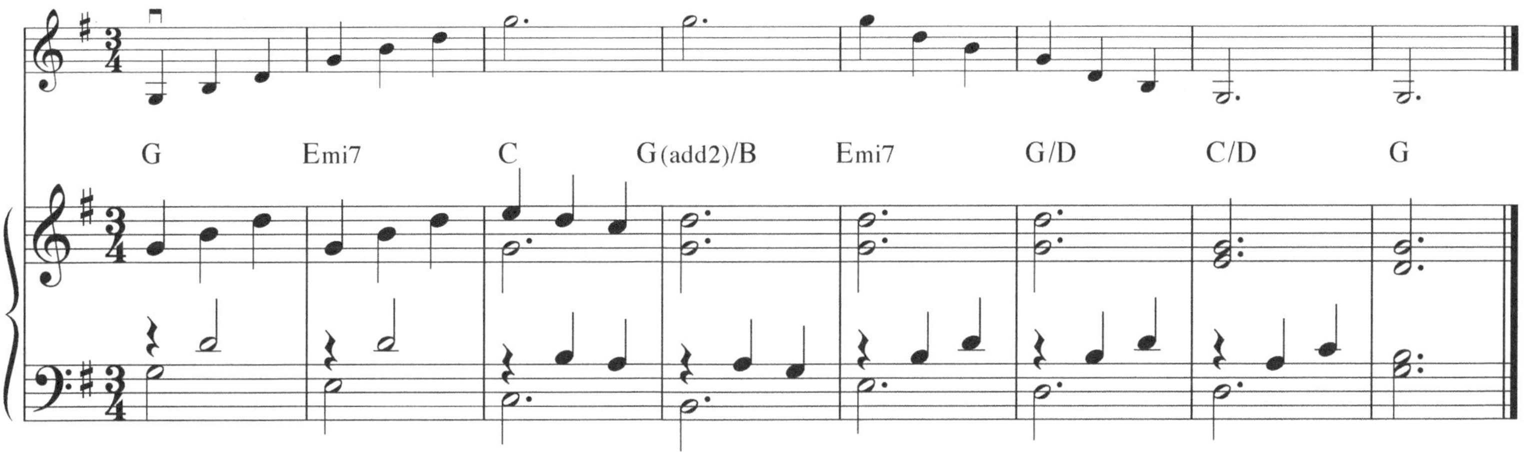

115. THIRDS IN G MAJOR

116. DONA NOBIS PACEM – Canon/Round

Traditional Canon

117. CHORALE IN G

J. S. Bach (1685–1750)

118. FINGER PATTERNS IN D MAJOR – First Position

119. FINGER PATTERNS IN D MAJOR – Third Position

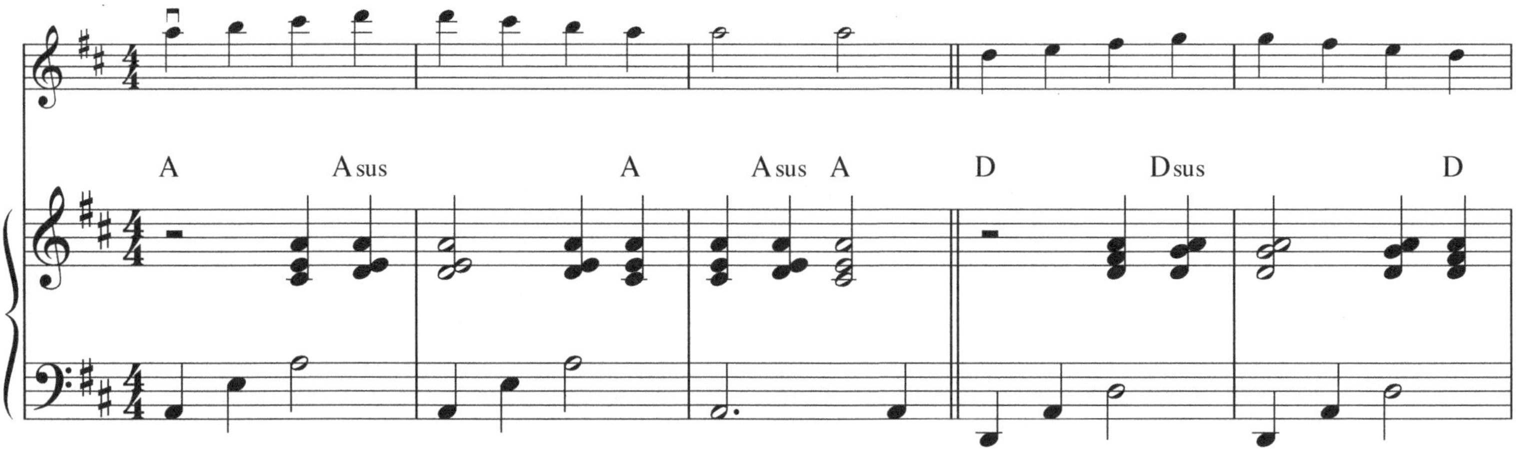

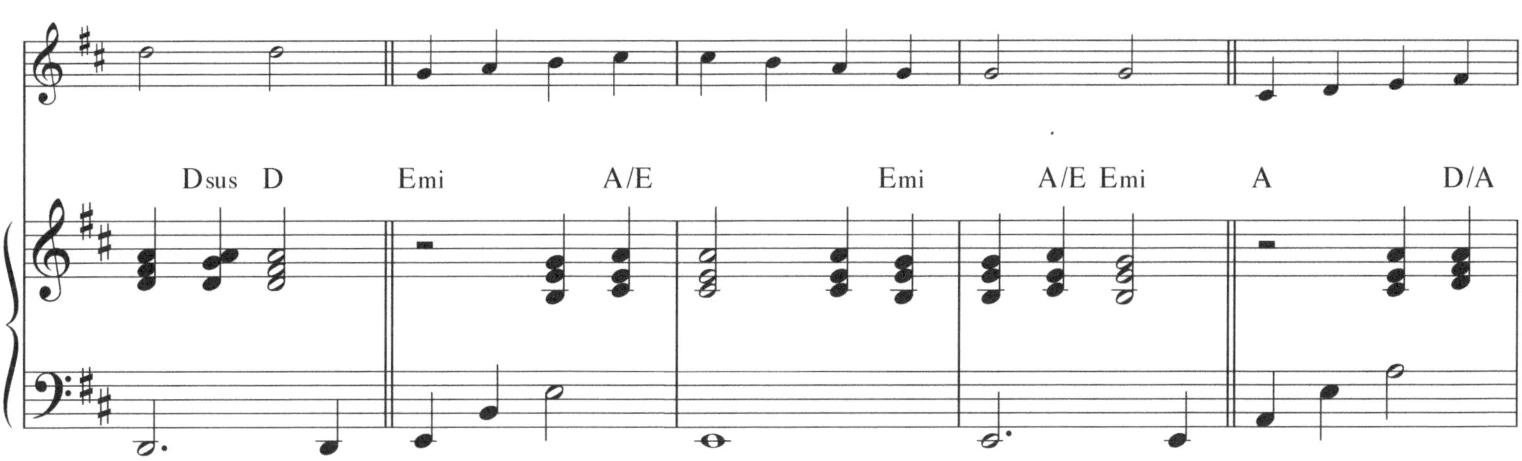

120. D MAJOR SCALE

121. D MAJOR ARPEGGIO

122. THIRDS IN D MAJOR

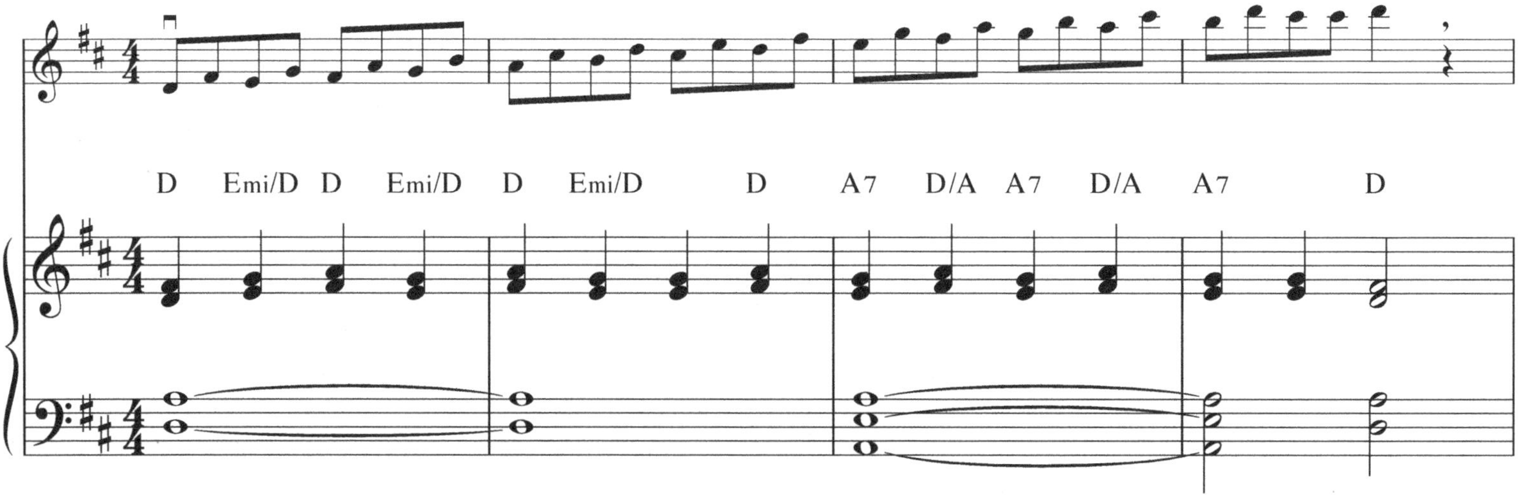

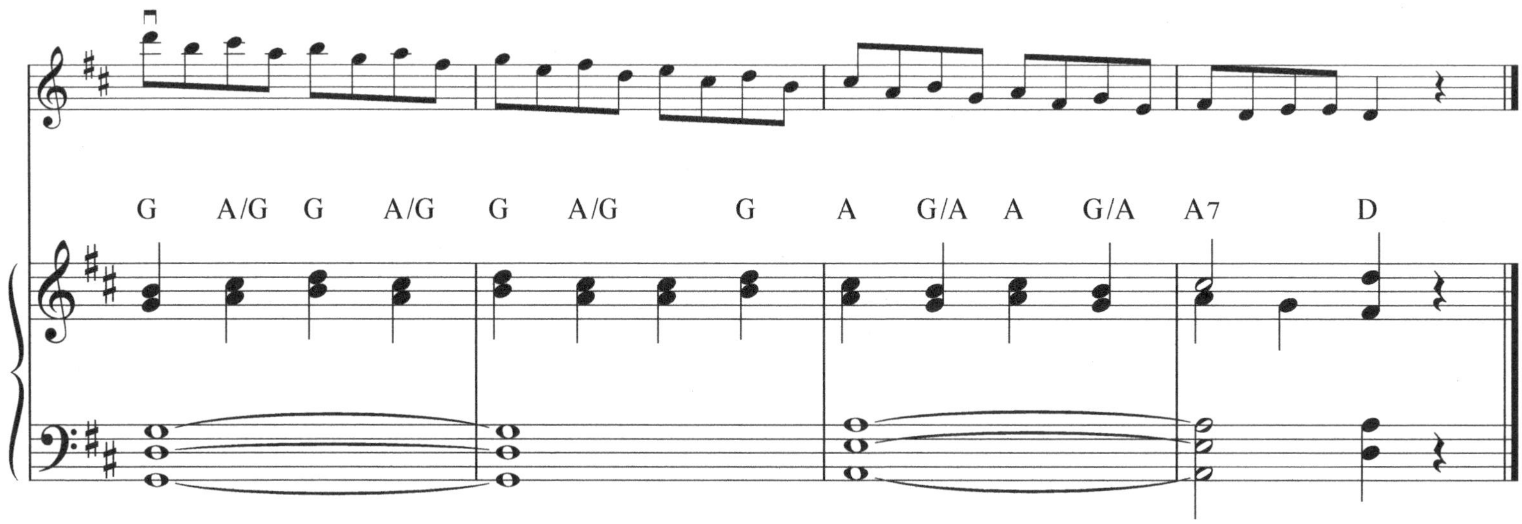

123. TRUMPET VOLUNTARY

Jeremiah Clarke (1674–1707)

124. CHORALE IN D

J. S. Bach (1685–1750)

125. FINGER PATTERNS IN A MAJOR – First Position

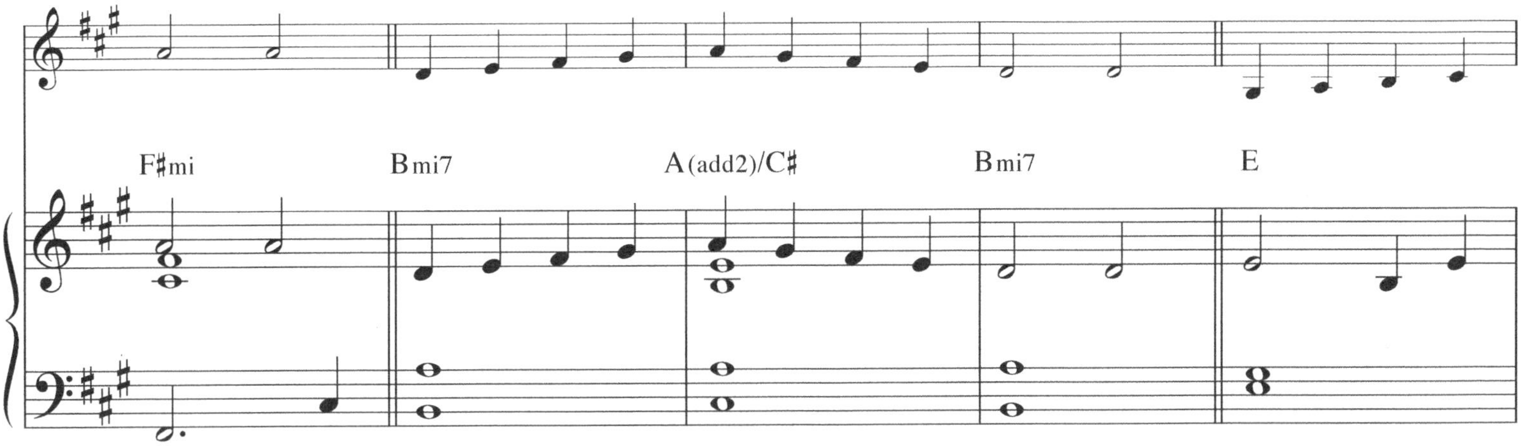

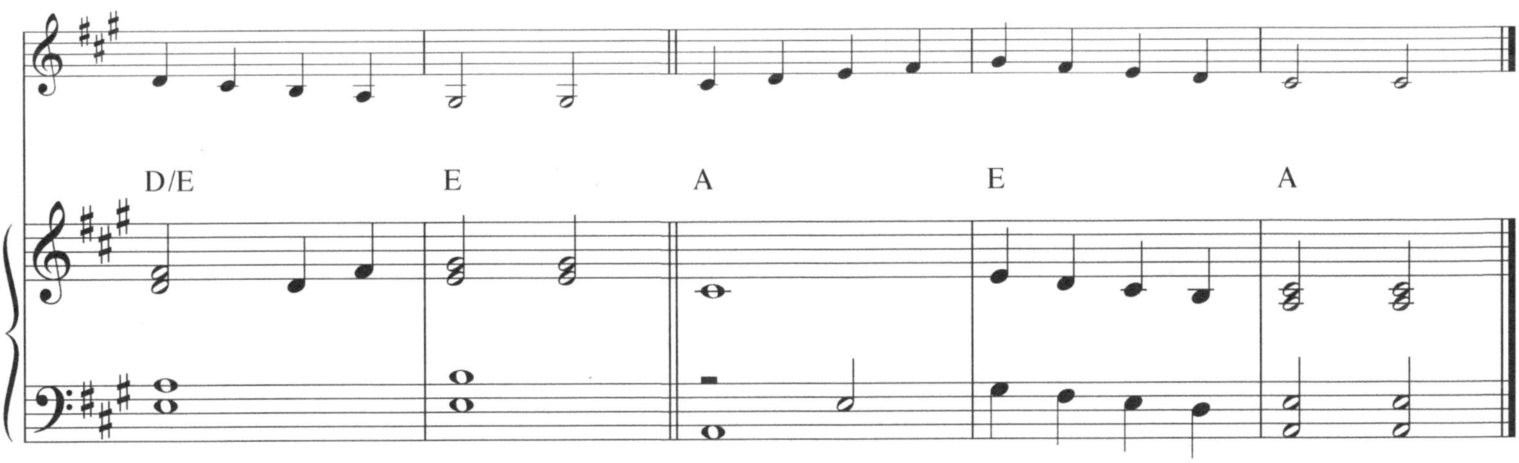

126. FINGER PATTERNS IN A MAJOR – Third Position

127. A MAJOR SCALE

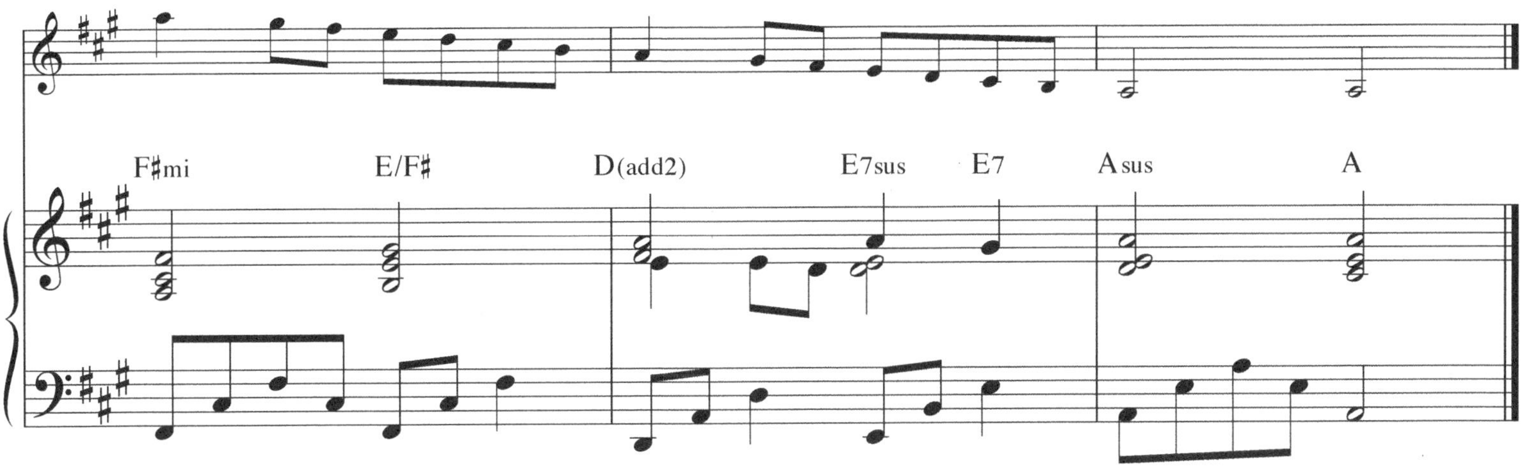

128. A MAJOR ARPEGGIO

129. THIRDS IN A MAJOR

130. THE YELLOW ROSE OF TEXAS

131. CHORALE IN A

J. S. Bach (1685–1750)

132. FINGER PATTERNS IN F MAJOR – First Position

133. FINGER PATTERNS IN F MAJOR – Third Position

134. F MAJOR SCALE

135. F MAJOR ARPEGGIO

136. THIRDS IN F MAJOR

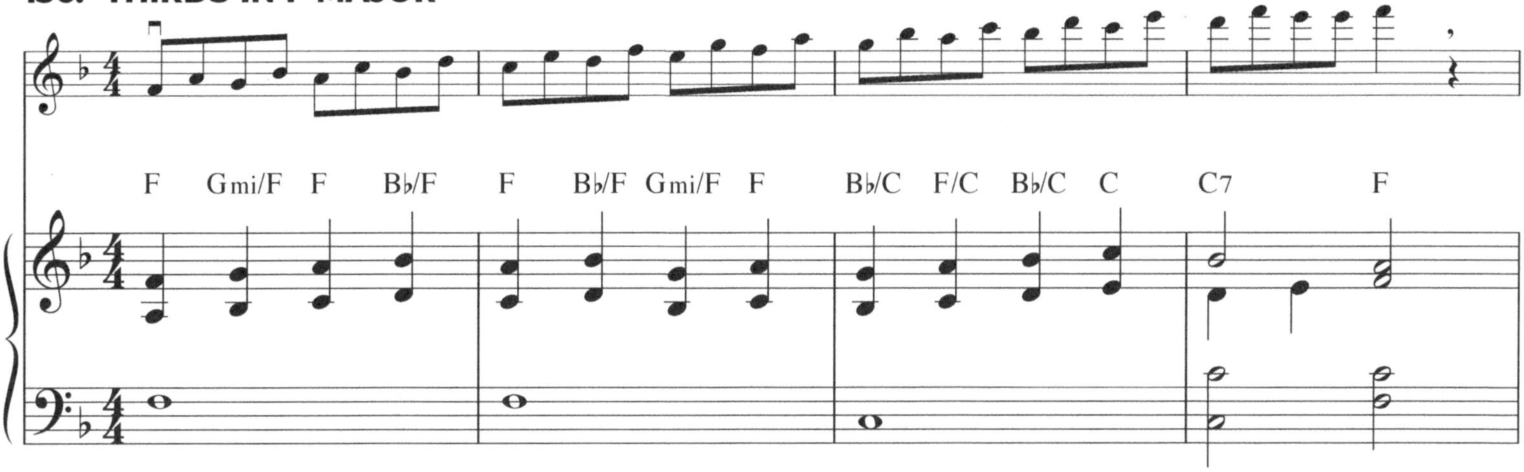

137. SIMPLE GIFTS

Shaker Melody

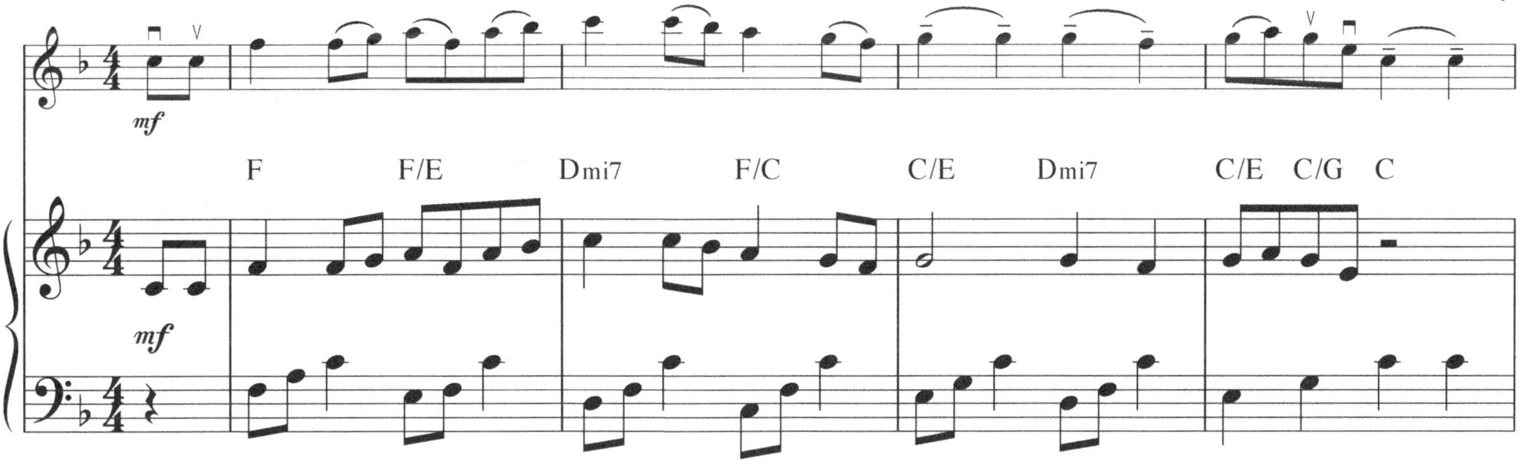

138. CHORALE IN F

J. S. Bach (1685–1750)

139. FINGER PATTERNS IN B♭ MAJOR – First Position

140. FINGER PATTERNS IN B♭ MAJOR – Third Position

141. B♭ MAJOR SCALE

142. B♭ MAJOR ARPEGGIO

143. THIRDS IN B♭ MAJOR

144. LONDONDERRY AIR

Andante espressivo

Irish Folk Song

145. CHORALE IN B♭

J. S. Bach (1685–1750)

146. FINGER PATTERNS IN E♭ MAJOR – First Position

147. FINGER PATTERNS IN E♭ MAJOR – Third Position

148. E♭ MAJOR SCALE

149. E♭ MAJOR ARPEGGIO

150. THIRDS IN E♭ MAJOR

151. PILGRIM'S CHORUS FROM TANNHÄUSER

Andante maestoso

Richard Wagner (1813–1883)

152. CHORALE IN E♭

J. S. Bach (1685–1750)

153. A NATURAL MINOR

154. A HARMONIC MINOR

155. A MELODIC MINOR

156. A MINOR ARPEGGIO

157. SCARBOROUGH FAIR

158. GREENSLEEVES

English Folk Tune

159. E NATURAL MINOR

160. E HARMONIC MINOR

161. E MELODIC MINOR

162. E MINOR ARPEGGIO

163. LA CINQUANTAINE

Allegretto

Gabriel Marie (1852–1882)

164. BOURÉE FROM SUITE IN E MINOR FOR LUTE

Allegro

J.S. Bach (1685-1750)

165. D NATURAL MINOR

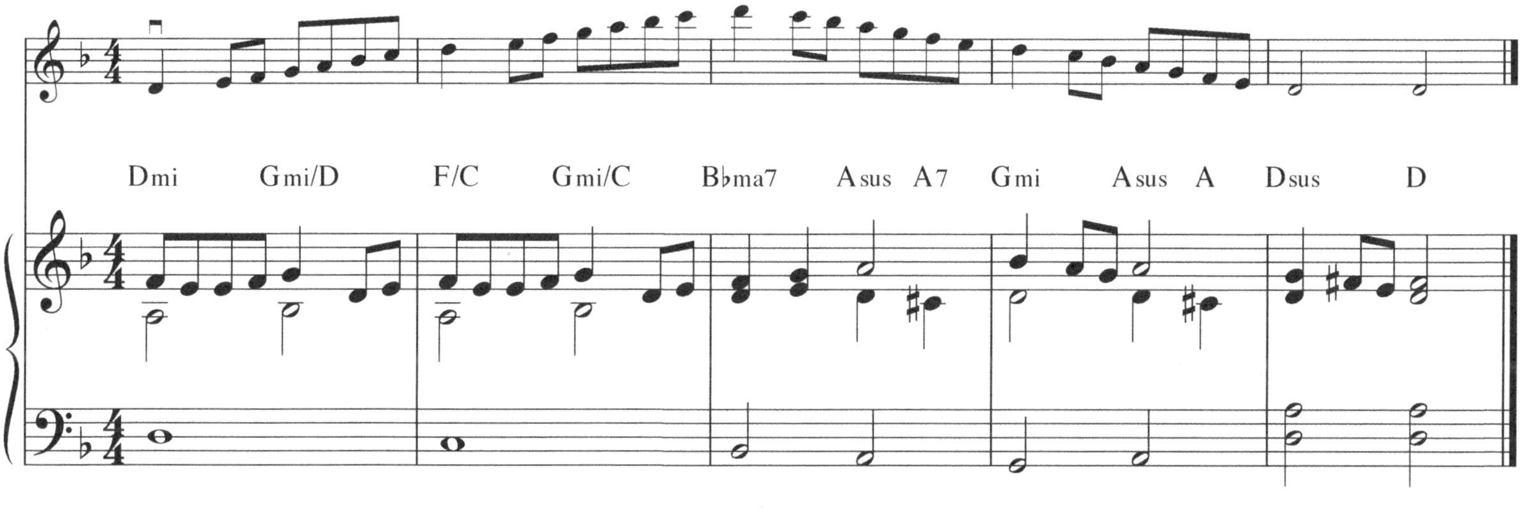

166. D HARMONIC MINOR

167. D MELODIC MINOR

168. D MINOR ARPEGGIO

169. HEY, HO! NOBODY HOME – Round

170. ZUM GALI GALI

Israeli Folk Tune

171. G NATURAL MINOR

172. G HARMONIC MINOR

173. G MELODIC MINOR

174. G MINOR ARPEGGIO

175. JOSHUA

Allegretto

African-American Spiritual

176. PAT-A-PAN

Moderato

French Carol

177. C NATURAL MINOR

178. C HARMONIC MINOR

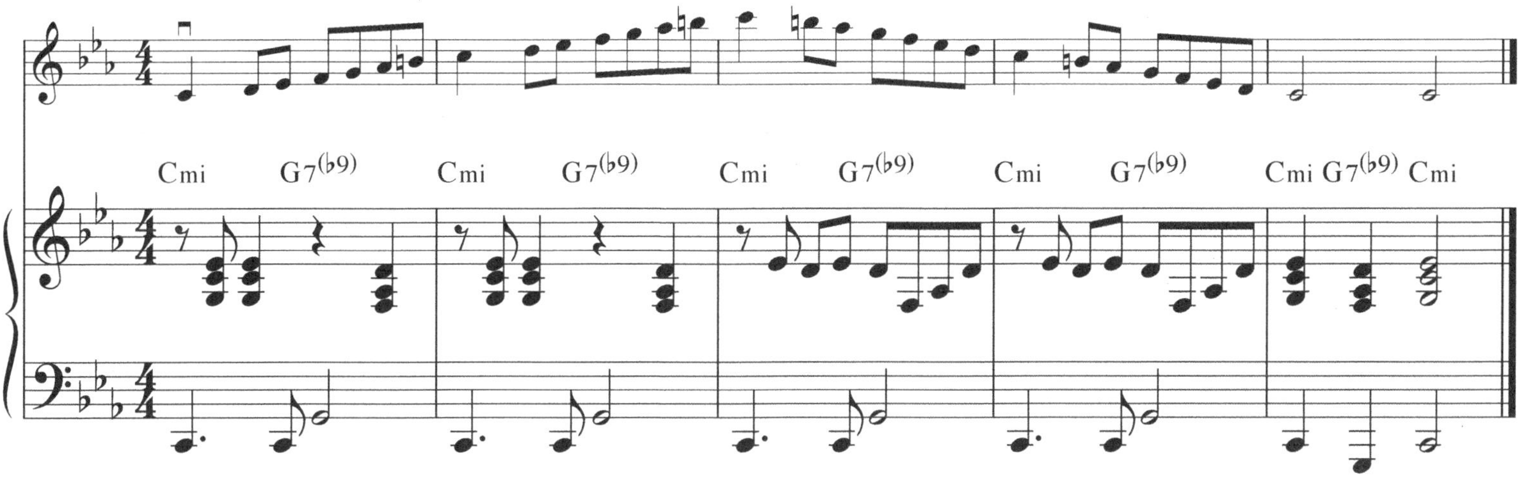

179. C MELODIC MINOR

180. C MINOR ARPEGGIO

181. MOLDAU

Bedrich Smetana (1824–1884)

Allegretto

182. GAVOTTE

Andante

J.S. Bach (1685–1750)

183. ABA DABA

184. HABAÑERA

Georges Bizet (1838–1875)

185. SHIFTING CHROMATIC FINGERING

186. CHROMATIC ETUDE

187.

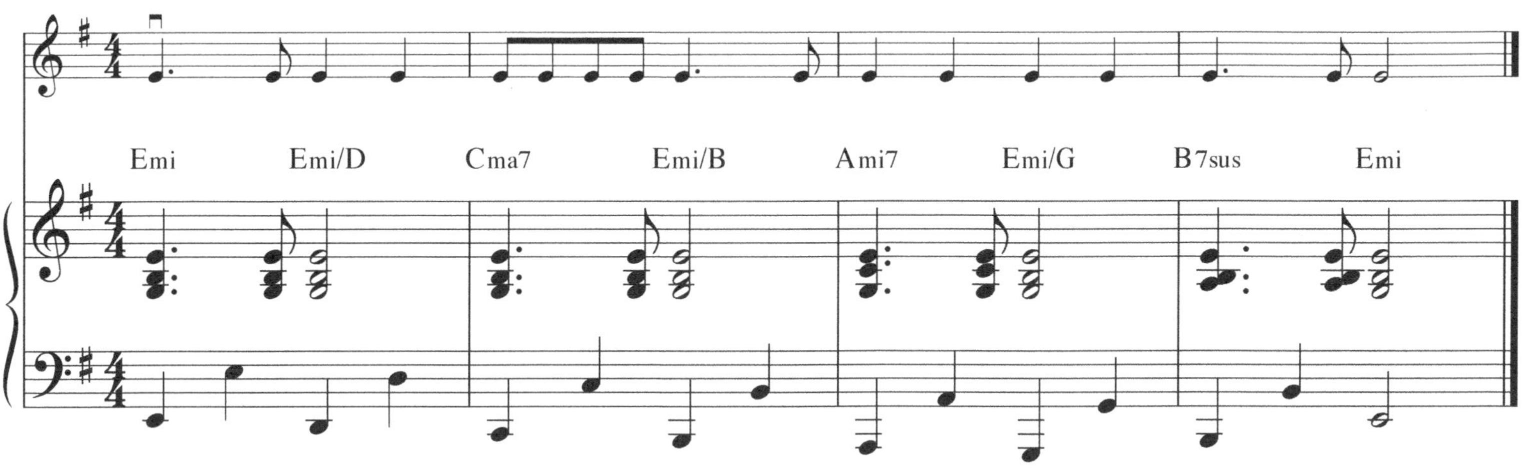

188.

189.

190.

191.

192.

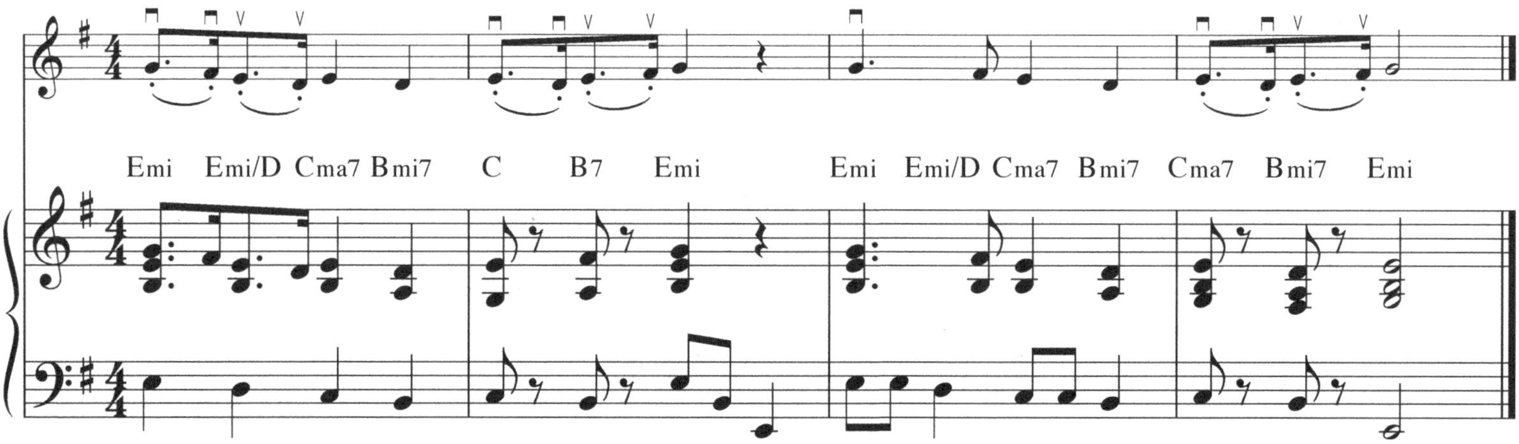

193.

194.

195.

196.

197.

198.

199.

200.

201.

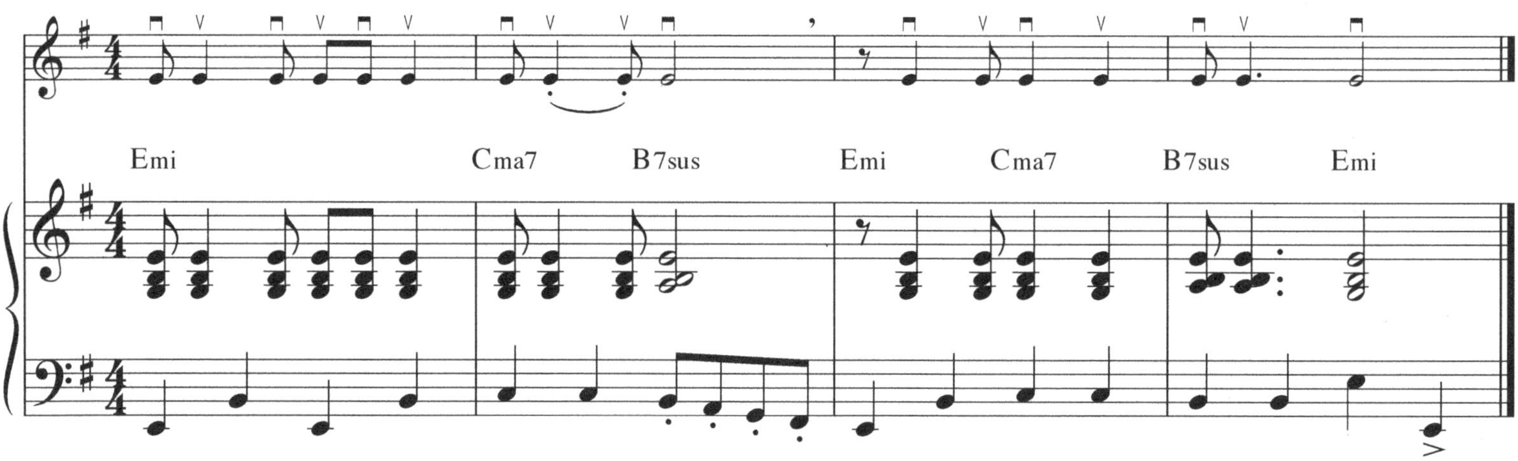

202.

203.

204.

205.

206.

207.

208.

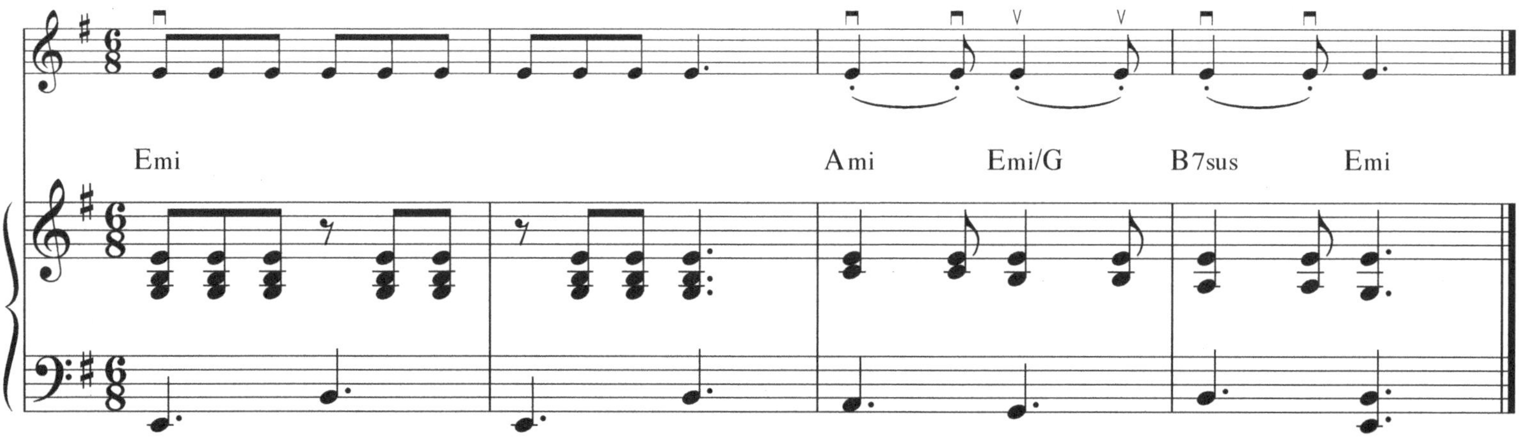

209.

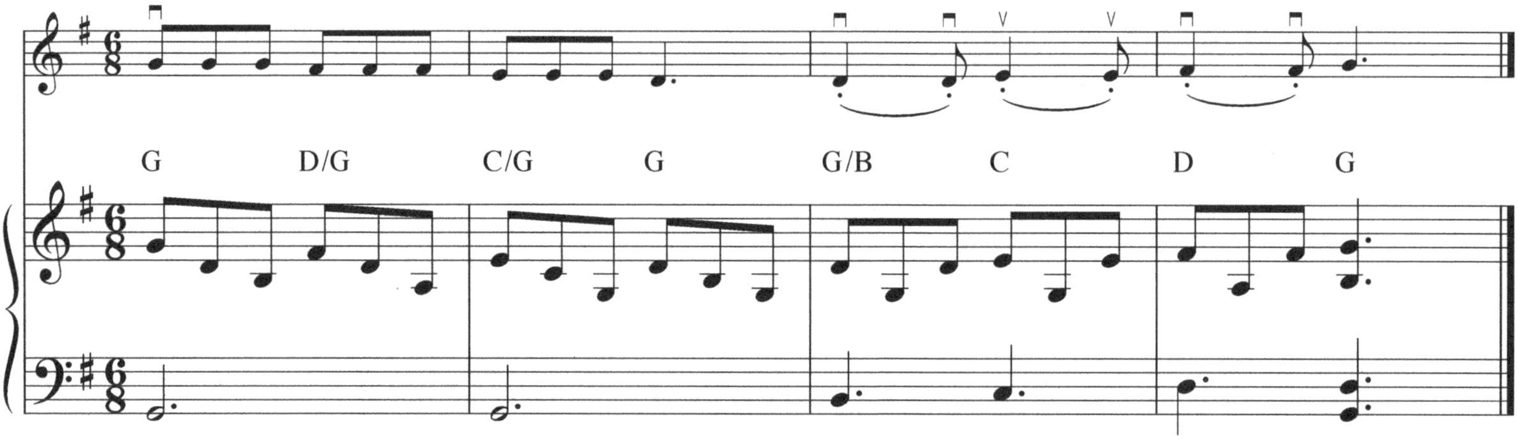

210.

211.

212.

213.

214.

215.

216.

217.

218.

219.

220.

221.

222.

223.

G D/F♯ G7/F C/E B7/D♯ Emi Emi7/D
C G/B G/A Ami Cma7/D D7 G

224.

D A/C♯ A7/E D G D/F♯ Emi7 A7sus D

225.

D A/C♯ D/C G/B D/A G A7 D

226.

227.

228. SLAVIC FOLK SONG

229.

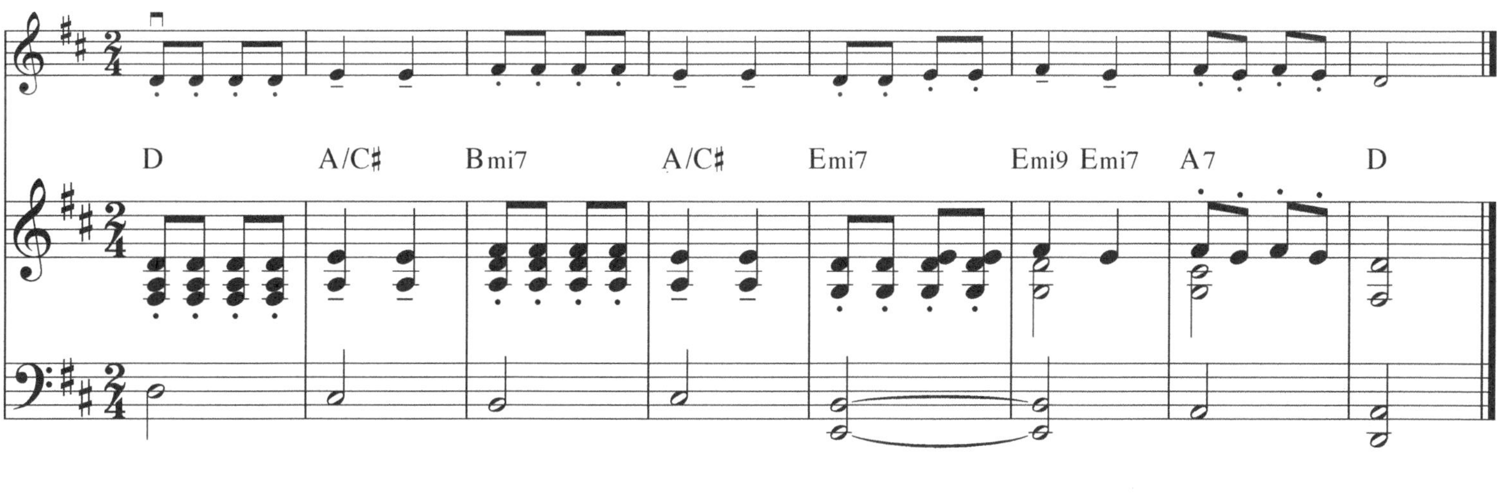

230. CAN-CAN

Jacques Offenbach (1819–1880)